EL ÚLTIMO ADIÓS
PINTURAS Y POESÍA PARA CORAZONES ROTOS
Volumen I

DORIS JAGIELLO

Reservados todos los derechos. No se permite la reproducción total o parcial de esta obra, ni su incorporación a un sistema informático, ni su transmisión en cualquier forma o por cualquier medio (electrónico, mecánico, fotocopia, grabación u otros) sin autorización previa y por escrito de los titulares del copyright. La infracción de dichos derechos puede constituir un delito contra la propiedad intelectual.

Ibukku es una editorial de autopublicación. El contenido de esta obra es responsabilidad del autor y no refleja necesariamente las opiniones de la casa editora.

Publicado por Ibukku
www.ibukku.com
Diseño gráfico y maquetación: Índigo Estudio Gráfico
Diseño y colaboración: Giovanni Jagiello, MBA (EE.UU.)
Corrección del contexto: Fernando Parra, Lic. en Literatura (MEXICO)
Ilustración de portada: Doris Jagiello
Revisión de redacción: Tilu Chapa
Copyright © 2019 Doris Jagiello
dorisjagiello.wixsite.com
ISBN Paperback: 978-1-64086-329-3
ISBN eBook: 978-1-64086-330-9
Library of Congress Control Number: 2019936197

ÍNDICE

ÍNDICE DE PINTURAS	7
TE BUSCO (Michelle)	11
LA NOCHE ME LASTIMA (El último adiós) (Antes de que incineran su cuerpo)	14
EL ÚLTIMO ADIÓS	15
ESTO (El diablo me robó un beso)	18
HOTEL SUIDO (Private conversación)	20
POLVOS Y NIDO (Hasta el final de un beso)	23
AÚN TE ESPERÉ (Para Miguelito: solo tenía 8 años)	24
ITALIA (Así eres)	27
TI VOGLIO BENE (Un hombre llamado Fabio)	29
SI LLEGAS A OLVIDARME (Henry kosisky) Poland	32
PIENSO EN TI MEXICANA (Felix Guerrero fue una India Tlaxcalteca, que por no saber leer; le quitaron sus tierras)	34
NOCHES DE AMBAR (la vi caminando por la calle)	39
EL PESO DE MI EGO	41
SIN NOMBRE	44
HOY QUE TENEMOS TIEMPO (Dos hombres)	46

LA PROMESA
(Para Alexander) 48

VOLAR SIN ALAS
(Henry) 51

HE QUERIDO OLVIDAR TODO 55

PIENSO EN NOSOTROS 59

FUE EL ÚLTIMO DÍA 62

VEINTICINCO TONELADAS DE AMOR 66

UN HOMBRE SIN SOMBRA
(Victorville) 69

VETE
(Victorville) 72

CIENTO VEINTE RAZONES PARA OLVIDARTE
(The three Kings from England) 75

TE QUIERO, TE QUIERO, TE QUIERO 77

OBSESIÓN 80

PROPUESTA DE AMOR
(Poema 27) 85

HASTA PERDER LA CORDURA 86

LA VOCACIÓN DE SER MADRE
(Para Maura Yamile) 88

A ELLA QUE CAMINA POR LA CALLE
(Te seguiremos buscando Aurora) 91

NI COMO QUERERTE
(Bob se marcho a la Navy) 94

BATALLA DE RELIGIONES
(Un Árabe llamado Magic) 97

FLORES BLANCAS PARA UN HOMBRE
(Desengaño) 99

ANTES DE EMPEZAR
(Carta para Damián) 102

NO FUE CASUALIDAD
(Una niña, y una madre) 105

LO SE 108

CUANDO EL SOL SE MARCHE
(Una niña sin niñez) 109

TE DEJARÉ UN DÍA 113

DESPUÉS QUE TE FUISTE
(Olush) 117

DESPUÉS QUE TE FUISTE II 120

VIDA EN GRIS
(Alcohólicos anónimos) 122

LUIS
(Con amor para un niño autista) 125

ESTARÍA AHÍ CON MIS MANOS VIEJAS
(Para Óscar) 130

ÍNDICE DE PINTURAS

SILENCIO	Portada
REPOSO	13
LA PUERTA	17
SIN CORAZÓN	22
ALMA DE DRAGONES	26
ENAMORADA	31
EMBRUJO DE PERLAS	38
LA PEINETA Y EL DRAGÓN	43
MÍRAME A LOS OJOS	47
RAZÓN PERSONAL	54
MI CORAZÓN TRISTE	58
MUJER DE PELO ROJO	61
CORONACIÓN	65
SIEMPRE ROSAS	68
LOST FENCING	74
LA BAILARINA	79
FUEGO	83
AMOR INMORTAL	84
SIN CORAZÓN II	90
LA SILLA ROJA	93
FOR SALE	96
CRISTAL	101
VELO NEGRO	107
SI TE CONTARA	112
UN ADIÓS A POLONIA	119
FRÁGIL	124
TOMA MIS MANOS	129

Para todas las personas que se cruzaron en mi camino; que cansados de cargar con sus penas, valientemente me contaron sus historias; sin ellos no hubiese existido este libro.
A mi hijo que me convirtió en un ser poderoso; él es la creación más hermosa que he hecho.
Para Marie Hatlenburg por su generosidad, (my friend)
A Miguel Ávalos Cortes, Henry Kosiscky; para ti Alexander; les mando un beso desde aquí que llegue a las estrellas.
Para ellos y para todos ustedes son los versos que pinto.

TE BUSCO
(Michelle)

Estoy buscando la excusa para inventarte
seré como un gajo de mandarina dulce,
para que llenes tu lagrimal
cuando te pongas triste:
aislados; dejaras que te bese
para consolarte.

Te grito en mi vacío y en mi presente
con mis brazos que protegen,
tendrás un espacio suficiente:
entrarás como un siamés blanco
sigiloso y celoso entre mis codos
y de mucho que te apriete
me dejarás que te acaricie.

Te veo en todas las caras
serás buena de corazón y dulce,
y si tu vientre dormido no quiere
ser fértil,
eso no dirá que no
serás la mejor madre,
estarás rescatando niños abandonados
y salvando gatitos en la calle,
si así Dios lo dice.

Te escondo en mil colores
en mis ojeras de la noche:
y aunque no te conozco,
    –ya te quiero-
y si de verte; ya existes,
déjame saber donde te encuentres,
para salir de ésta rutina de esperarte.

No prolongaré mi lápiz sobre el papel,
será corto lo que escriba
para que no se confunda
la entrada y la salida de esta vida:
    ….. te propongo,
y tal vez …..
para que no se haga larga la espera,
cuando sea de ti y tú conmigo
las miradas se crucen:
nos encontremos por primera vez
para enamorarnos para siempre.

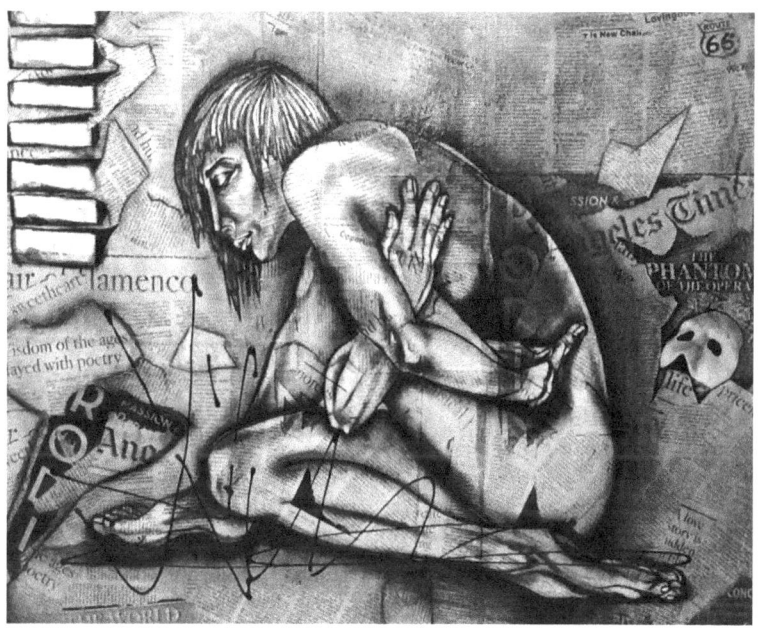

REPOSO
76.2 cm por 61cm
acrílico sobre madera

LA NOCHE ME LASTIMA
(El último adiós)
(Antes de que incineran su cuerpo)

Una noche nada más
y encontraremos motivos para cerrar la puerta,
será una gota de lluvia en tus mejillas
para disminuir el vacío que me queda
….. te diré:
     -hazme tuya-
y cuando sea de ti,
bésame mucho, mucho,
no quiero que la materia
de la mentira se invente.

Quiero ser esta vez de verdad inesperada,
ya no habrá humedad que empañe tus ojos:
los peregrinos huéspedes de mi casa vacía
le darán una procesión al adiós.

Después, habrá una tregua,
estaremos exentos de aburrimiento
y melancolía,
esta ocasión no cuenta; ¡es mía!
Sin embargo,
-la penúltima noche me lastima-

Me tomarás de mis dedos cautelosos
y mis manos frías cerraran
tus párpados caídos:
no dejaré que mi deseo de tenerte
cubra tu físico perfecto,
     - te lo prometo -
¡encontraré un motivo para cerrar la puerta!

EL ÚLTIMO ADIÓS

Hay armonía
en tus delicados hombros:
tus manos, que cada vez que las toco
me pongo a la expectativa
y despierto:
hoy, por primera vez; le tengo miedo
al aburrimiento,
horror a la vulgaridad
y una alergia estúpida de estar solo.

Seré el policía del ruido,
para que no te quedes sorda,
el vigilante de lo callado; para que no
entre la rutina en nuestros,
cuerpos, e infecten
dos ángeles enfermos.

¡No quiero equivocarme!
Permite que mi abrazo
entre lamidos, me acerque:
y para estar seguro
que ya no nos queremos,
nuestras bocas estarán cerradas,
no serán responsables
de nuestros culpables besos.

Será la pintura escarapelada
de aburrimiento;
que viejas las paredes de tu oído
no dejan que te escuche:
 alejándote sola,
donde el colibrí inquieto
abre su pico; ¡ahí!
Chorreando su dulce almíbar,
arroyando mareas y haciendo
surcos al rió.

Ahí te busco,
avasallando la morada
de un viernes quieto:
te encuentro; mirando tu ventana
entre las moléculas del ígneo vidrio,
haciendo equilibrio.

El último adiós es hoy
¡y no te culpo!
Ya no tenemos nada para darnos,
será la procesión
de mentiras irremediables
y esos chismes necios; que acabarán
perdonándonos; porque fuimos perfectos.

Zambullido en mi dolor
y tú pensarás:
        ¿qué harás sin mi?
Yo haré lo que pueda para olvidarte.

Ni cuevas que repitan el eco miserable,
no habrá ningún corazón roto;
emigrará nuestro ambiguo suspirar al reposo,
….. sin nombre.

LA PUERTA
43.2 cm por 61cm
acrílico sobre madera

ESTO
(El diablo me robó un beso)

Quiero que aparte de amar en mi lecho,
mis palabras recorran tu cuerpo
como cosechando trigo
y esta sensación de amar
al ayunar tus besos,
se despliegue al mirarte lejos.

Quiero en mi silencio tanto,
que cuando moribundo
recuerdo que te quiero
olvido noches de hielo;
aunque fría tu piel,
aunque también los huesos.

Quiero ..... y quizás
supongo que al tocarte,
apenas la soledad se olvide de ti
y por primera vez,
vuelva ser móvil y agitada:
pero aún incomprensible,
llena de luz como espejos.

Quiero releer tu piel
    con las yemas de mis dedos
y que al hecho de rozar tus manos,
en este momento invidente, me sepas a cielo:
    dormir con sabor a ti,
con tu nombre en mi boca,
morir por las noches
    ..... ¡despertar primero!

Y si todavía no eres mía
….. y yo no soy tuyo,
con caricias, quitar esto y eso
 ¿quiero tal vez?…..
….. y si aún estás conmigo,
robarte el último de tus besos.

HOTEL SUIDO
(Private conversación)

A donde quiera que vivo,
….. me muero.
A donde quiera que canto,
me sigue tu voz y me acosa
después como una anécdota
te pienso.
Te pienso y rió;
pero no río de labios dulces,
sino de agua que duele y calla:
con todos quiero hablar,
….. pero que no me conozcan
a cada uno quiero besar,
….. y que grite el ruido de mi boca.

Si me llevas lejos; me acabas,
de mil cascadas aniquilas mi esperanza
si me quedo; la espuma lame y me arrastra
como un cazador me espantas,
para que no quede huella de nada,
para que piensen mis padres
que por insensata,
merezco esto que me pasa.

Me Inmortalizas en un taxi
butaca vestida de ti,
me paseas en un acto,
y como un maniquí
espectador de mi calle,
me guardó en una caja:
al poco rato tu mentira a cloro,
formó mi memoria

y de color charna[1] se transformó mi sueño;
el sueño que selló mis labios
para que el olor del olvido no hable nunca.

¡Si! ….. hoy no; …..
….. mañana me asusta:
me tomaste hasta quebrantar
la espina de mi espalda,
tortuosa noche que sostiene mi cuerpo,
se quiebra, me detiene, me levanta:
el pensamiento igual que tu locura me ataca,
como el Suido hotel y un corazón herido me toca.

A donde quiera que veo, ….. te miro
me siguen tus pasos ….. y espero
al soliloquio de un beso se atraganta
y más te olvido Suido.
es mi tiempo que canta el himno de mariposas,
me toca y se ríe …..
Fue toda una noche; fui inmóvil …..
Para arrullar a un corazón que en silencio llora
llora y llora, llora.

---

1 charna; significado fonético en polaco = negro

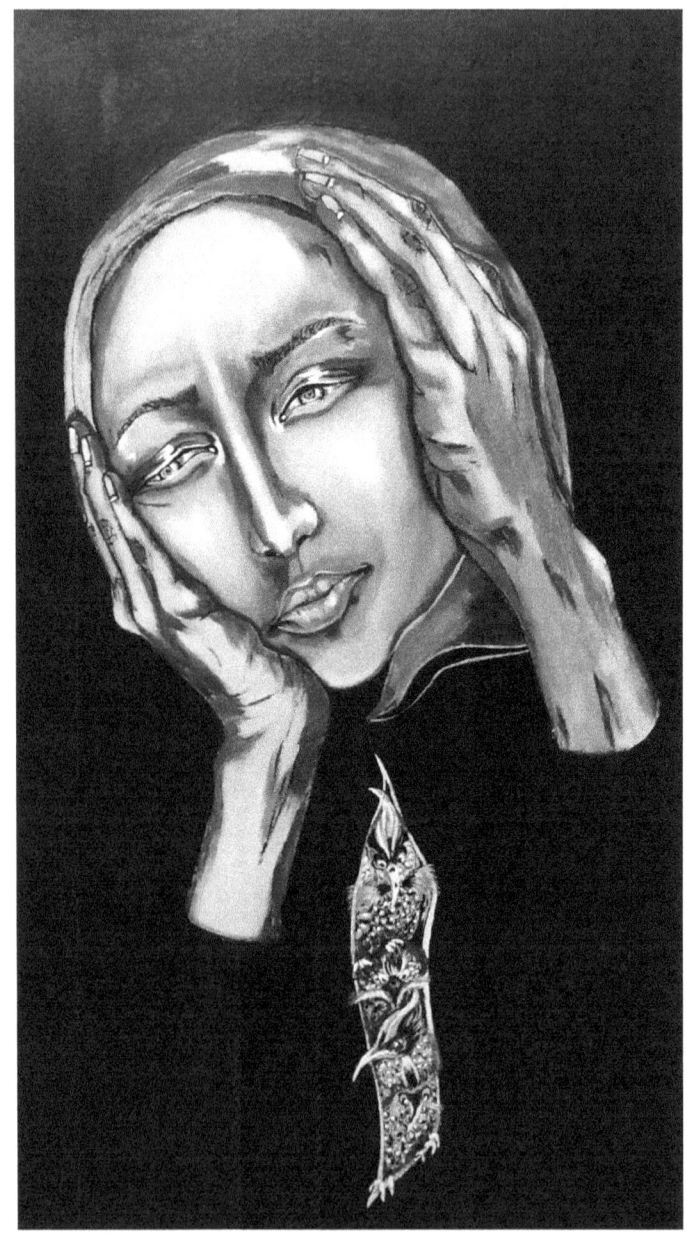

SIN CORAZÓN
72.2 cm por 61 cm
acrílico sobre madera

POLVOS Y NIDO
(Hasta el final de un beso)

Si me marcho primero
compañera,
si me marcho primero; ¡te dije!
Los árboles pálidos de nidos,
moverán el agua de mis ojos fríos:
recordaré tu cariño; el más sencillo
entenderás que los átomos que
atan las hojas secas, no se separan,
son cadenas que forman ruinas y sonidos.

Tú senil al recordarme
polvo y semillas seremos,
derribando batallas por los caminos
de sangre y de ruidos,
contarás cuánto nos quisimos:
no habrá baldíos en tu corazón,
lo llenarás con flores,
para que aún sigas conmigo.

Te dormirás de noche y de pie,
como los girasoles caídos
yo recorreré tu casa y mi casa,
con voz de resolló y un montón de silbidos:
volveremos a la tierra ; nos veremos en el cielo.

¿Pero si me toca irme yo primero?
    ¡me preguntaste con miedo!
Cuando pases por aquí;
al final de un beso ….. ¡te dije!
Con el linaje de tu pelo,
tejeras un camino para seguirte,
….. y reunirme contigo.

AÚN TE ESPERÉ
(Para Miguelito: solo tenía 8 años)

Hoy vivo en la tierra
de memorias y recuerdos,
entre viejos libros acumulados,
sobre multitudes de cirios:
….. ¿me pregunto?
Si aún el jardín del invierno
¿es mío?….. ¡o al fin te pertenece!

Yo marco con tinta la fecha exacta
de ese momento,
y te confieso ante Dios,
que vivo para quererte:
pero el vacío de perderte
me pone necia y me envejece,
y ya no creo verte, ni un minuto más
       ….. al recordarte.

Ya no lloro,
porque al mirarme en el espejo,
mis ojos se ponen tristes;
se convierten en juventud
y me siento de diecisiete:
prefiero ver con los tuyos,
tocar mi cabellera con tus manos,
llenarme de alegrías; de tantas que tú me distes.

¡Debo aclarar que nunca te fuiste!
Que yo tampoco soy una niña inocente
pero al solo hecho de pensar en ti,
mudo el corazón se detiene.

¡Esta es la soledad sarnosa de estas paredes!
A veces; mi secreto me parece una cárcel
en este mundo la inconsciente actitud de la gente,
aquí en esta tierra,
¡de amor no comprenden!

    Migar el mar al despedirte
se mancharon tus mejillas de dulce;
    y a tu descanso, en un vago momento,
te dormiste.

Me fue muy mal; era una niña
y no comprendía:
cuando te fuiste; pensé que era mentira,
ahora el tiempo intentó regresarte,
y si de cactus y bugambilia aún te espere,
será para que al encontrarme frente a ti;
….. tú despiertes.

Por eso cuando amanece, …..
creo en mi, al iniciar el día …..
creo en el universo,… al terminar los años
creo en el amor infinito de quererte;
que me empuja suavemente
en un vagón lleno de amor,
que nos arrastra a la cúspide;
allá donde habitan los ángeles.

Ahora vivo aquí, sin ti … ya no te acoso
ni a tus pasos, ni a tu niñez
Santa Rosa décadas en una calle,
¡creo al fin me perdonaste!

Allá donde habitan los ángeles; estas ahí Miguelito
en aquel día que te fuiste; ¡fue lo mas triste!

ALMA DE DRAGONES
45 cm por 61cm
acrílico y lápiz sobre PH papel

ITALIA
(Así eres)

Palpe tus manos con mis dedos
desnudos y simples,
tú dijiste; ….. eres para mí,
yo me sentí universo:
juntos en un solo cuerpo,
así me bebí la noche.

Creo después de mirarte tanto,
vi a través de tu ojos
bese de tu boca
y antes de decirte cosas,
para no volverme loca;
¡me regale toda!

Eres afuera y adentro Ígneos,
así lo dijiste; somos primitivos
reunidos en un solo cuerpo,
la oración agnóstica;
equivalente de lo absoluto:
mestizo de un rara mezcla,
juntos como tú; soy,
así indomables.

Pero me dio la impresión
mientras te miro,
no sé dónde te encuentres:
….. ¿de dónde vienes?
Tal vez organizando letras de olvido,
silencioso y bien escondido.

Yo aproveché y desabotone tu camisa
para provocar tus olivos,
pero el viento insensato
toco mis senos primero; y contenta
de no ser lo que tú eres,
y antes de que mi boca se arrepienta
fuiste poco a poco mi equilibrio,
para no atragantarme súbito primero.

Eres como los buenos tiempos,
bien hecho; de lluvia dulce,
de horizontes, es decir; para siempre
uno con el otro, precisó, indomable
catador de mujeres, repleto de vicio.

Y aunque me ponga triste,
eres lo que callo, eres lo que digo,
eres palabras que deletreo,
eres, no se; dormidos o despiertos
 dominante y sumiso
Italia ….. ¡eres libre!

TI VOGLIO BENE[2]
(Un hombre llamado Fabio)

Entre tú y el efecto; yo
la causa
    del ánimo que tengo;
me haces sentir la materia idéntica
de voces de un río:
y con el ruido de afuera, la lógica
en orden,
no dejan de ser ecos y latidos.

Tu risa, tus conversaciones,
me parecen sonatas de limbo,
cuando tengo frío:
vulnerable a tu amor; inmune
cuando más te necesito:
presa de su terneza,
acólito te sigo; te ruego,
me vuelvo tu siervo de tus sueños
solo en tus brazos me siento libre.

Eres mezcal con trampas viriles
yo, la India universal de tierra firme,
Tlaxcalteca de corazón triste,
morena como las avellanas
y cuando me tocas;
me conviertes en color de avena
con sabor de piloncillo dulce.

---

[2] Ti voglio bene = Te amo

Tu buscas a nadie
pero me esperas inútilmente,
cuando cierras tus ojos de jaspe:
sin problemas, sin pedir permiso
eres un viernes dos, si lo requieres,
yo un martes,
con el café tibio en mi boca;
para dártelo por las noches.
Eres, casualmente perfecto

ni aquí ni allá,
ni tampoco fuiste mis sueños,
eres, como te imagine:
juntos en un solo cuerpo,
solo una noche.

ENAMORADA
acrílico sobre PH papel

SI LLEGAS A OLVIDARME
(Henry kosisky)
Poland

Si llegas a quererme un poco
que yo primero amarte:
si llegara de esa forma,
así lo dije; ¿lo recuerdas?
Seré tuyo hasta que muera.

Pero si en tus sueño yo no cuento
y en secreto quedo solo,
lleno de ti como un niño:
si no soy más que tierra sin latidos
yo quisiera, ¿si tú quieres?
En este exilio, por ser mi compañera,
te pido que me dejes.

Cuando mis manos sin empezar,
cansadas de encerrar vacío
esperen;
y la noche retroceda,
no me salves de la hoguera,
deja que me marche.

Si hablo y lejos tú me dejas
que yo un poco a olvidarte,
¿si llegara de esa forma?
No me salves de la lluvia,
¡no me hieras!

Si hace frío y no te entregas
y pienses que de tu cruz yo
soy el que pesa:
será mejor vinagre en nuestra mesa
palabras sin luz,
monedas de madera.

¿Si llegara de esa forma?
Prefiero polvo de ti para no buscarte:
yo quisiera, ¿si tú quieres?
¡le pidas a tu Dios que yo me muera!

PIENSO EN TI MEXICANA
(Felix Guerrero fue una India Tlaxcalteca, que por no saber leer; le quitaron sus tierras)

     Ávida la tierra; le prometiste al adobe,
mil cosechas de corazones:
entre estos horizontes
me diste tus razones como siempre,
cumpliste tu palabra infinita; pues
pelear no fue tu costumbre.

Sabías de la gente ignorante,
 la que dice que todo lo sabe,
observaste a las masas en silencio
     y callar preferiste:
-mujer sabia- …..
fue tu arma para defenderte.

Tlaxcalteca te vistes
de sones antiguos cuando hablas
con un payacate viejo,
     al río lloraste:
India de sangre,
el orgullo de hierro te cubre
frente a la catedral de los dioses:
pura cuando caminas por el Zócalo del D. F.
a pañuelo fino; catrina te convertiste.

Avila apareces y te escondes
entres faldas, esmeraldas y olanes
un purpúreo antiguo color de oro
    agua de chocolate:
tu piel de arcilla,
abeja con alitas trasparentes;
marcaste tu territorio y te fuiste.

Aguijón en tu vientre dulce,
chile, cocoa y aguacate,
así serán tus labios al beso:
hermosa de pechos grandes,
tu honra de un a mujer libre,
para que cien años vivas
o te recuerde.

Tus brazos ondean
un rebozo bordado de penas,
y tu cabello plateado de perlas
lo pintas de negro;
para que nadie se de cuenta
que eres intachable al dolor,
ni tampoco tienes atole en las venas.

Cubres tus piernas de prisa por las noches,
te enredas en tus naguas en el día,
para que tu piel oscura no la rebeles:
    tu casta púdica de tu cintura
se desnuda en el agua
y dejas ver tus muslos fuertes.

Fértil nodriza
amante de tus costumbres,
me amamantaste con tradición
y me heredaste tu corazón,
anciana de piel joven
a mi lado estarás para
que al fin me cuides.

Voluble a las tragedias,
 siempre luces de primavera
        "mi Feliz Guerrero"
así no sabrán qué lloras;
llena de caracoles y de magia negra:
serán las recetas de tu abuela,
para que nunca mueras.

Mira Mexicana ; así te veo, así te pienso
en castellano cuando guardas
tus pensamientos:
        en tu idioma,
cuando tus secretos descubres.

Aunque todos te ven muy pobre,
miras al cielo cuando el tiempo te lo permite
para decirme, que todo lo que tus ojos ven
        te pertenece:
alzas tus brazos a los verdes montes
y murmuras al pasado en tu lenguaje
cómo queriéndote despedirte.

Bye bye Happy Warrior
al cruzar la frontera
¿What is the matter? Me dijiste:
ciudadana del mundo
sin edad te vistes
tu nombre; Feliz Guerrero.
Y con ese aire misterioso,
tus pupilas de arco iris
cerraste tu historia; será
de mescal de agua dulce
tu ceniza de huamúchil.

Ixpatlani, ixpatlani in imatlahpalzin
mah cualli yohualli
cochi cochi nantli Felix
ni mitztlazotla, ica nuchi noyolotl
ica nuchi noyolotl.

vuela vuela sobre tus alitas
que tengas buenas noches
duerme duerme mama Felix
te quiero con todo el corazón.

EMBRUJO DE PERLAS
45.8 cm por 61cm
mix media sobre PH papel

NOCHES DE AMBAR
(la vi caminando por la calle)

Te oigo muy lejos,
murmullos de un canto solemne
para toda la noche:
la felicidad se define como arrullo,
que sale como un gendarme
entre las paredes.

Pero mi compromiso
de quererte tanto,
te volvió irresponsable
y a tus razones de quitarte la vida,
terminé derrotado:
….. ya no me perteneces.

Tus brazos paralíticos, inmóviles
ya no son míos:
se escucha en mi oído una excusa
y haces y deshaces
     y mi cerebro te condena,
y el corazón te defiende.

Quiero atrapar como un mago
la ilusión para no olvidarte:
te aprisionaré entre mis manos
para llevarte conmigo siempre,
será el uso de la razón que perdiste;
o mi motivo justo para no tenerte.

Colgaré tu imagen en mi bolsillo,
para poseerte y llevarte como un dije:
y cuando tu mal que padeces se aleje;
Tenerife en la isla de los canarios alegres
….. estarás a salvo.

Tu espíritu enterraré
el veinticuatro de diciembre:
ya que al final el retorno vuele
a la distancia en ecos, se lleve:
'tú sabes que el tiempo no existe'

¡La brisa dice; vuelve!
Yo; no se …..
….. ya no tengo nada que decirte
perdiste tu alma y no sabes dónde la dejaste
¡regresa cuando la encuentres!

No quiero que mis ojos
te busquen por las calles;
no te quiero ver perdida
entre las hojas de los árboles:
que mi Polonia te abra sus brazos
con espíritus de arroz
y tu alma de abra, emigre
para que nunca se terminen,
las noches de ámbar
ni la poesía de tus ojos tristes.

EL PESO DE MI EGO

Te oigo aquí, aburrido
….. hablas;
sin punto, sin coma, sin oído:
inmóvil,
esperando que me mires
sin interrupciones, sin abrigo,
como una colección de pájaros perdidos

Hablas de picada sin piedad
como una senda larga
abriendo un planisferio:
 me miras vanidad
indultando mi bravío
del sur de mis sentidos,
cuando me atas a tu olvido.

Le pones más dolor
    a mi corazón de sangre.
Deja que llueva …..

….. ¡no dejes otra vez
y otra vez me muera!
    Deja que llueva …..
dejemos que la noche se acomode,
    se esconda en la luna,
eche de su sombra la tarde,
porque esta hecha de átomos
para que vibren las notas
y con el timbre de mi boca
cargue el peso de mi ego.

Que hable
    códigos en círculos,
que me vuelva loca
para que mi corazón histérico descanse
bastante a sufrido.

Te oigo otra vez
por la superficie esférica de la noche
con el paladar húmedo del sereno,
con bastante sonido:
símbolo uno, mensaje de cero
si te has ido.

Como uñas que no dejan de rasgar
a un pobre ser; gorrión herido:
hablas de identidad extranjero
óptica sin miedo;
sin punto, sin coma,
esperando que me mires
en un diálogo perdido.

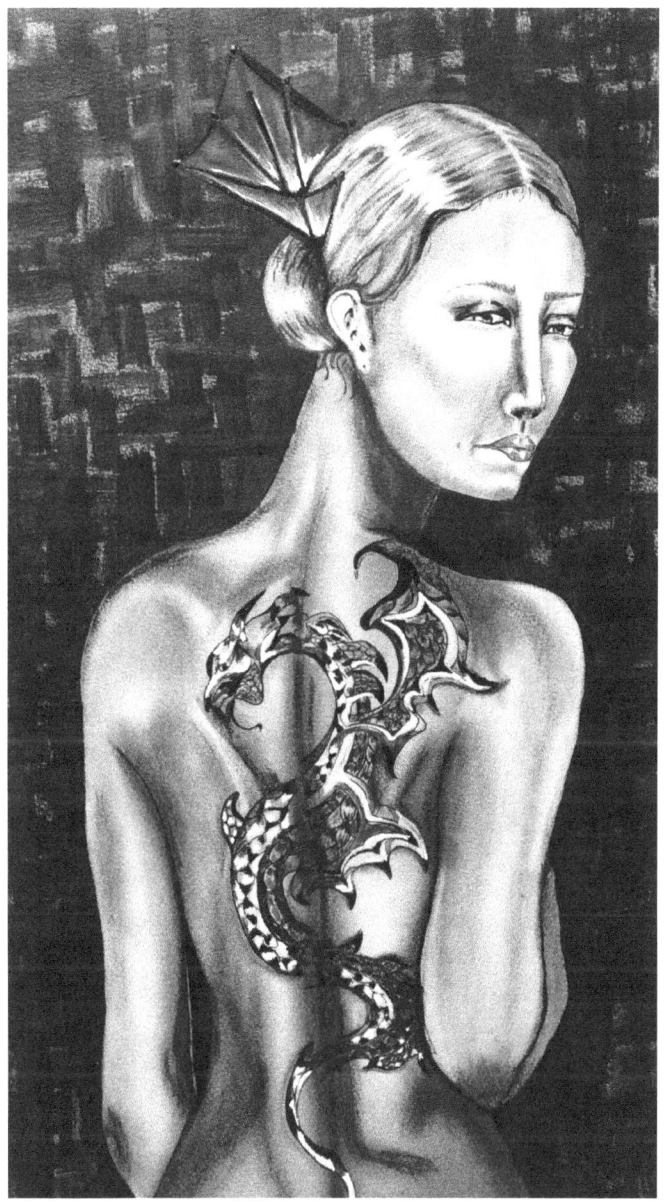

LA PEINETA Y EL DRAGÓN
45.8cm por 61cm
mix media sobre PH papel

SIN NOMBRE

Aquí juntos siempre,
aquí estaremos
te llenarás de mi; para aprender di ti,
de lo que sabes,
de lo que se que tu ignoras,
de lo que existe que no conocemos
para vaciarnos y llenarnos de nuevo.

Pero …..
te resistes a quedarte,

Tú gobiernas lo que yo invento.
Me mueves, me diseñas,
me cobijas
y para agonía mía,
a un tronar de dedos
paras las ideas, que de secretos
se muerden.
¡Me sigues, me confundes!
….. ¿que si por ti fuera?
 Análogo, me dejarías sin nombre
ni apellido.

Pero …..
te resistes a dejarme,

Eres tú primero para amarme
yo el segundo cuando tú lo pides,
le quitas la soledad a mis ojos:
luego me revocas
ofreciendo nada;
nada de lo que no tienes,
porque todo ha sido mío,
 ¡y ni siquiera, tú lo sabes!

Pero …..
te resistes al volver.

Te robas en mi descanso
te vendes, cuando estoy dormido
¿porque lo haces? Si la casa, las calles
las tiendas; ….. yo …..
….. ¡esto y eso te pertenece!
　　¿Que es lo que quieres?
Habla corazón, que te hace falta,
¡grita! Si así lo has decidido.

Esa es la sala del aburrimiento, cómodo;
quedarás de adorno.
Ahí te esperará el hastío:
mis pasos lentos, no sabrás,
que me he ido.
Te regalo todo, todo lo que es inerte
ya nada te debo:
solo recojo lo máximo que tengo
mis chancletas y mi uniforme.

HOY QUE TENEMOS TIEMPO
(Dos hombres)

Hoy que tenemos tiempo
pienso en la teoría de nuestro primer beso,
en tus labios resecos de tanto estruje:
rescatare tu agobia
para sanar tu alma de alpiste.

He tatuado con bordados de amor
por todo tu cuerpo millones de caricias
para que el frío no te toque,
aliviando tu corazón que regalaste.

Lo encontré derrotado,
¿a quien se lo diste?
Que en pedazos lo tienes:
y al preguntarle; me dice
"que no se acuerda"
      que no me preocupe,
que nadie puede lastimarte.

Encerrado en un estómago vacío
acostumbrado a dejarle con hambre,
he de depositar mi afecto en su aliento
para resucitarle; si me das permiso,
¿si me lo permites?
¿Que puedo hacer para consolarte?
….. ¿Que puedo hacer para consolarte?

MÍRAME A LOS OJOS
45.8 cm por 61 cm
acrílico sobre PH papel

LA PROMESA
(Para Alexander)

Sospeché
que nuestra historia terminaría
porque en tu cerebro
se había marcado
un albergue, de poquito tiempo
que tenias:
fue involuntariamente;
alguien muy profano
remendó tu corazón
enriquecido de amor y de alegría.

    Y aunque no quisiera
y aunque lo niegue; se estancaría
como un espectro en tu mente.
    ¡A él, le debo conocerte!
Él fue mi amigo,
       mi hermano,
y a mí vergüenza;
ahora extrañarle no podría.

En su agonía él me pedía
darte paz y alegría,
fuiste el amor de su vida:
yo en mi calma; le di mi palabra
la promesa de no desampararte,
te abrigue; te di mi compañía.

"Ahuyentaré el mal de afonía que sufre"
    así se lo dije;
        ¡no te preocupes!
Me haré cargo de sus sueños:
        ¿y si se encierra a oscuras?
El decía:
    me robaré la luna,
     la esconderé en su habitación
para que le alumbre toda.

¿Y cuando se sienta sola
      y el llanto le gane?
      ¿Que harás para consolarle?
Me repetía;
    aguardare en silencio
entre un llano de algodones,
para que su caída no sea tan dura.
Esperare callado
hasta que germinen las flores.

Inmóvil; vi
caer los tulipanes:
 te lleve de la mano
para que ella este segura,
con el fin de que lo olvide,
para que nunca le extrañe.

Y me di todo, sin protegerme:
    pero el tiempo huésped,
la memoria se quedo en
nuestros corazones: nos lleno
de espejismos y burbujas.
No hubo maneras para consolarte:
la tome tan enserio
enamorándome perdidamente.

¡Ya no sirve de nada poder ayudarte!
Si piensa en él todo el día:
no podría competir con misterios y fantasmas
ni el es mejor; viento aventurero,
ni es real; sólida agua que se derrite
¡yo soy diferente!
Y al asir el reto, no me importó equivocarme.

 Por ahí salió el miedo tonto
cínico de perderte,
te ahuyente fatal e imbécilmente:
las secuencias largas de mis celos
te enfadaron y te fuiste.

¿Si de ti no vivo?
Humildemente déjame estar aquí a tus pies
el orgullo nunca fue mi fuerte:
continuaré contigo si me necesitas,
no será el único dolor que me avejente.

Yo entre deciente, inútil, al irme,
aunque me aqueje,
seré tu amigo para siempre.
No hubo lunas de miel,
no hubo nada entre nosotros,
ni promesas de azafranes
¡quererme, no fue posible!
Inciense; así lo quisiste.

VOLAR SIN ALAS
(Henry)

Si tú crees que me has lastimado
déjame decirte:
que amado fui tantas veces,
pero saborear la gloria y la muerte
al conocerte,
a ti te prefiero solamente.

No te culpo cuando te pones triste
solo te pido que tengas cuidado
de lo que pienses:
haberte refugiado en mi corazón
y tratar de volar sin alas mil veces
no dejarás de ser en mis ojos, un ángel.

¡No te condeno!
Enamorarme de ti, surreal la luna
que sin marcharse,
me hiciste saber que solo duerme:
con tu magia llena de encantos
inevitable a mis sentidos
irrevocable me hiciste soñar como un hombre,
ser otra vez un niño.

Si tú crees que lloro porque estas ausente,
no es así;
es porque al final de las noches
cierras tus ojos para recordarle:
sin lagrimas miras a un cielo que reside,
en un lugar que imaginaste.

Es por ti,
que necesito caminar a solas
de hacer imposibles para buscarte,
atrapar estrellas colgantes,
ponerlas en tu cabellera con pasadores
para encontrarte.

Yo te dejo en tu silencio
para que me extrañes,
que cuando al verme
sola te rindas; caigas
 en mis brazos para apilarte
 y finalmente te quedes dormida.

Es por ti
que me mata verte
buscando la sombra
de aquel, que le dio a tu corazón
justificación a tus días
a él;
que en tu vida fue suficiente.

Yo trataré de ser diferente
cuando me beses;
cuando mis labios te toquen
te distraeré para que en él, no pienses.
Si en un suspiro se escape un instante
¿y lo imagines? Yo fingiré,
en caso que escuche su nombre.

Déjame depositar en ti, mi abrazo;
intoxicarte con mi voz de abril,
para cantarte a tu oído apagado
silencioso, sin ruido, sordo, udente[3].

---

3 udente = silencioso en italiano

Hoy que tenemos tiempo,
despedazar esa imagen que está en tu mente,
será mi venganza quererte y adorarte:
que desvanezca el lejano oriente
    en junio suavemente.

Y otra vez con agua dulce de octubre,
con un lazo de perlas de mar
lavaré tu alma por las noches,
que despierte tu corazón y se alegre:
y si tengo suerte;
    con mucho cuidado,
deja que te devore de amor
    para que lo olvides
o para no olvidarte.

RAZÓN PERSONAL
45.8 cm por 61cm
acuarela, lápiz, acrílico y hoja de oro sobre PH papel

HE QUERIDO OLVIDAR TODO

Enojado he querido olvidarlo todo,
el ordinario sofá que guardara
ríos y montañas; fiel ha escondido
nuestros secretos:
hoy me lo entregas,
porque dices que ya esta muy viejo,
que te trae recuerdos.

Y aunque decidimos separarnos
de común de acuerdo,
todo lo que escucho de tus labios
¡no comprendo!
Quiero creer que no entiendes,
que tu intención no es lastimarme.

Sé que aún añoras mis besos,
que tarde o temprano ¡querrás tenerlos!
Solo que mi arrogancia
la humildad desconoce,
y tu vanidad interminable me dice
que tu corazón tiene un alto precio,
el mío;
voluble cuenta que no te quiere
así será como tú quieres,
ya no nos veremos.

En un acto simbólico
donde el misterioso amor
de Murano se rompe;
ahora los frágiles sueños
¿a donde los enterraremos?

Se quiebran los recuerdos
de nuestro lenguaje secreto:
se divulgará el dormitorio
impregnado de ritos.
Y cuando alguien nos pregunte
¿que fue de nosotros?
Sin responder, lo pensaremos,
se darán cuenta cuánto nos queremos.

 Ninguno de los dos estaremos listos
nos retractaremos al universo por completo,
al revelar nuestro fracaso:
sometidos; nuestros hábitos cambiaremos
comeremos del error que cometimos
atragantados de pelear,
tendremos que pagar por ser necios.

¿Y si tú regresas? Aquí estaré otra vez,
cuando llegues, cuando te marches de nuevo:
 pensaré en nosotros a menudo
con el dolor infiel que nos viste:
convertidos en dos niños jugaremos,
nos provocaremos cuando habite tu cuerpo,
con el peligro real de amarse.

Hoy con un cobarde abrazo
nos represente;
sin despedirse nos dejemos:
incomprensible,
yo recordaré que te quise,
tu me echarás en cara
los sacrificios que hiciste:
sabrás que no es posible engañarnos
        ¡somos distintos!
Y de sombra y luz
¡no te necesito!

No se pondrán de acuerdo
las lilas y los claveles
y de tanto que gritemos cínicamente,
no llegaremos a ninguna parte.

 "Con disgusto he querido olvidarlo todo"
al darme cuenta del tanto amor
que nos ofrecimos;
el buen papel que representaste
    ¡hoy nada sientes!
Y que de las pequeñas cosas
que nos hicieron felices,
donde las pondremos?
….. "Nunca me hicieron falta"
¡así me lo dijiste!

MI CORAZÓN TRISTE
acrílico sobre PH papel
45.8 cm 61cm

PIENSO EN NOSOTROS

Pienso en nosotros,
pequeño sueño de tulipanes,
será lo único que en vida quede:
me imagino que me pertenece
y pelearemos una y mil veces:
tu romperás en llanto,
     yo querré consolarte
¡y así estaremos!

Por eso seguiremos con
el mismo argumento,
mirando el espacio sideral
el cual tu llenaste:
un beso de rendición
la casualidad, el único vocabulario,
un lenguaje inútil.
Difícil para mí, poder detenerte
en un vacío intrínseco
de afición y sin salida.

La mitad de mi envejece,
el resto de juventud que nos quede,
a mí me perece;
te llevarás agorafobia
será tu excusa para esconderte
para no salir nunca de la pureza
de estar sola.

Mi eterno amor
Si en un intervalo el tiempo espere,
tu pedestal vacío descanse
mil cadenas de laureles;
tu imagen te aprisione,
      para siempre:
al fin sabrás
cuando te marches,
que yo seré
el niño más melancólico y ausenté.

No cruzaremos sílabas de intimidad
      será tu voluntad, tu palabra inocua,
se volverá forma y espacio,
para que no sea inapropiado,
cuando la puerta se cierre:
porque sabremos que en nuestra teoría
la esperanza, relativamente no existe.

MUJER DE PELO ROJO
45.8 cm por 61 cm
mix media sobre madera

FUE EL ÚLTIMO DÍA

Yo me negaba a verte
…..era ciego
mi oído sordo pensaba derogarte
y a cambio de mi amor,
que no fue suficiente;
fue tu convenio y tú partida firme,
enemiga te convertiste.

Cortesana en tu derrota vi caerte,
tu piel de tus carmines
tan joviales; ahora resecos
más que un desierto
sedientos apagaron mi aliento
para ahogarme:
y en peleas arrogantes
vanas discusiones,
lo pague tan caro enamorarme.

Gallarda la noche, me encandiló
con su gama de diamantes
en el borde de la mentira;
a mi corazón despedazaste:
esa madrugada con su mala jugada
nos enrollo con su frío insoportable,
elegantemente te vendiste:
fallada noche
de finura te vestiste para irte.

Mis ojos de sacro cielo
como dos faroles sin suerte
fueron testigos de tus caricias
sin prevalías:
y cuando acepté, que más no podría
dejaste de reclamarme; me dijiste,
que fue culpa mía
que ya no me querías.

II

A pesar que siempre estuve a su lado,
un día desperté y me di cuenta
que nunca supe quién eras
y tú; para nada me conocías:
difunta la noche fue una incertidumbre.

Toque sus manos llenas de frío
la vi moverse como un fantasma
desvanecida entre las paredes,
la trate de convencer un millón de veces,
trate de salvarla:
pero sus cejas que de memoria me sabia
sin movimiento;
balbució y caminó hacia el olvido,
yo fui quien cerró la puerta.
fue lo más absurdo que sin saber,
lo hacía.

Ahora camina vacía
me dejó su pequeño corazón
lo escucho todos los días,
habla sin cesar,
le cuento historias por las noches
duerme y despierta,
despierta y duerme ….. a veces pregunta de ti
yo le digo; ….. ¡que estás enferma!
Será mejor que te olvide,…..
que yo estoy aquí; que nunca lo dejaría.

CORONACIÓN
acrílico sobre madera
76.2cm por 61cm

VEINTICINCO TONELADAS DE AMOR

Aunque ya es invierno,
mi corazón trémulo de sombra,
incansable te repite:
esta maldita idea de extrañarte
y veinticinco toneladas de amor
para salvarme.
….. ¡eso es lo que necesite!
Para amarte.

Te formas en una léxica danza de sonidos
articulación sin nombre:
pienso en ti con los mismos derechos;
yo femenina, natural como las flores,
tu; como semilla que se impregna al aire solícito
secreto, para fecundar la oscuridad insaciable.

Probablemente imaginaré los astros
como pequeñas partículas,
¡que en cuanto te bese! ….. te enamores,
eso es lo que necesite
¡para adorarte!

Aunque ya eres invierno para mi
tus ojos de primavera que coquetean,
me hicieron revolotear de repente:
pensaré en el otoño de mi piel anímica,
tu cabellera de caracoles, que se engarcen
en los eslabones de nuestras prendas.

Esta vez aré que el ruido de mi garganta
¡se llene de mil notas y grite!
    "No te muevas"
dejemos que sucumban
dos aves de sus jaulas; se libere
 un corazón inmóvil:
lo alimentaremos de alpiste:
y con nuestro aroma de piel,
que se conjugué y contagie las sabanas viejas
para que se convierta nuestro amor en epidemia.

¡No seas tan difícil!
Déjame atraparte con mis alas juveniles:
deja extraviar mi candor en tu habitación
que se sostenga en la imaginación
miles de luciérnagas; para que nos alumbre:
pienso en ti, como soy, ¡como una mujer!
Y tú ….. de ilusión te vistes.

SIEMPRE ROSAS
45.8 cm por 61cm
acrílico, acuarela y lápiz sobre PH papel

UN HOMBRE SIN SOMBRA
(Victorville)

Comprendo que es otoño,
pero el invierno de los árboles desnudos
desprenden su verde triste,
amarillas sus ramas secas se visten.
    Hoy espero que canten las hojas
que aplaudan al tocarse,
con una cofia de estrellas
acojan la luna:
 el sol se retira de la ciudad
y guardan silencio las calles,
porque ya llegaste.

Entre la luz aparece un trémulo,
 inocente que nace;
se acuñe un menguante para que le acune
viste tus ojos y tus cejas
sus pestañas son tan largas
que acarician las flores de la calle.

Él piensa que todo lo que brilla es oro
sueña ser paleontólogo
y me llena de piedritas los cajones:
te veo en sus mandíbulas
en el mágico sonreír de sus labios
y en cuanto busco tu recuerdo
se confunde el tiempo
con el caos de todas partes.

Él conmigo rezonga,
con voz de cascabel de juguete
me distrae eternamente:
 como muchas veces; más que algunas, me seduce
baila un vals, me canta por las tardes
¡y deja que te cuente!
          Ya deletrea tu nombre
….. ¡es un genio!
Como carajos no voy a quererle,
me a robado el alma
con la calma de un elefante.

Que el cielo desplume mis alas rotas
para cubrir a un angelito que crece
que los brazos de esta tierra
lo meza suavemente
para tenerle junto a mi;
que crezca como un árbol ¡grande, grande!
Y de mis raíces que se aferre.

Mi alma te manda un texto
¿donde iras que valgas mas?
Máximo el tiempo te espere
para que este mensaje llegue
hasta tu corazón inerte.

Y si acaso fui el culpable,
me partiré en dos si es necesario;
aunque análoga mi espalda se queje.
Esperando aún ahí te encuentres:
¡que se quede tu fantasma!
Para que te encuentre.

Tu foto vieja,
y el dejavú se repita millones
de veces cuando pases:
deja tu blasfema llave,
…..a ti; que Dios te perdone.
Por los ecos de tu tesis
que siempre discutiste
te deseo mucha suerte.

Y aunque me quede sin alma
dejaré que mi sombra te guíe:
no te pierdas en la espuma de
 risas de colores,
ni te subestimes por la noche,
piensa que alguien se viste de ti
tiene tus ojos y te quiere.

Se extiende en un papiro blanco
una pluma para que firmes:
    donde tú escribes:
"el finito sabor adicto, es amargo"
así que sea ….. que sea lo único que yo recuerde.

VETE
(Victorville)

Vete …..
te digo vete:
y tú me pides
que regrese mis promesas,
tu anillo y tus aretes:
¿que no sabes, que el arte
de amar no es extrañarte?

Si te vas;
        representarás una siglo
la costilla de mi cama,
una pausa en el rincón
entre barras de mi cárcel,
para no perderte:
¡te digo vete!
Y una pauta …..
     ….. y después, ¡acércate!

Pero si tardas mucho en llegar,
a tu regreso, serás un inconveniente:
te pensaré un día, meses
y para siempre sin reconocerte.

Si en las desidias de volver
me dejes;
mi afición desmesurada
encienda la luz
para que no tropieces;
acurrúcate en mis brazos,
….. ¡y entrégate!

Si ya no quieres verme
recoge tus besos, tu pálido maquillaje
y tu hábito cruel que te consume:
 ¡ándale, empieza ya!
Tómate tu tiempo; despilfarra esta noche,
que en mi, no quede.

Será ningún escándalo
de inquirir el presente
ya no me hables;
deja que mi joven corazón se queje
tú a mi lado estarás siempre en mi mente.

Si al dejarme derrotar,
sea la única forma de
que tú te quedes,
 ¡no regreses!
No siempre el ganador es el que se marcha
y el perdedor, espere,
solo recuerda que tu no estás sola
…..¡ recuérdalo siempre!

LOST FENCING
45.8 cm por 61 cm
acrílico sobre PH papel

CIENTO VEINTE RAZONES PARA OLVIDARTE
(The three Kings from England)

Me pides océanos y montañas
mi frontal cerebro ya no piensa
mira; yo te escucho
en el garaje de mi boca,
entre cañas y montes,
con ruidos mundanos
 que amamantan la noche.

Y siento que tengo
ciento veinte razones para olvidarte:
pero la angustia imaginaria
inventa historias,
y te aseguro que con tantas predicciones
me quedo sin excusas para amarte.

Cuando me aproximo a ti
un diámetro a tu cintura
mi futuro ya no existe
te amo a tu manera, con
esa pasión de dominarme:
mira; me ofreciste un vino
yo te dije un mate,
me ofreciste tu brazos arrogantes
yo te di mis manos profundas de arte.

¡Escucha!
Tu opinión desesperada
se amaña entre mis ideas,
que si fuera el mar muerto
tú serías brujería, con
sal del Himalaya,
para vivir en lo más profundo
de esta tierra,

Y tu tendrías de mi lo necesario
con aire caprichoso,
 te preñarías de mis labios;
y tu lengua,
un beso inventaría:
navegando en un siglo de amor
barrocos, atrapados los dos
paralelos en otro mundo
en un planeta, que existiera
solo para ti y para mi
….. para adorarnos.

TE QUIERO, TE QUIERO, TE QUIERO

En tu rutina de observar
las noches, se destilaba por tus ojos
una esencia bella:
fue el momento exacto, ascendente
me convertiste en tu estrella,
….. y como una planta, emergiste
de tu savia por mis venas:
fuiste tú, vida mía
en el preciso instante,
yerba santa; muy temprano
para amarte.

Cuando te acercaste,
cerré mi voz,
me envolviste con tu magia
y en tu paz, me trasformaste en tu diosa:
con esa esclavitud que abolió mi libertad,
sumisa para ser tuya.
Me sometes, me aniquilas
y siempre que me tocas;
las palabras callan
sutiles se disculpan.

Ya no me siento sola
porque en mi locura, te quiero
¡ya lo sabes!
¡Te quiero, te quiero, te quiero¡
En tu silencio limpio de tu boca.
también en la muchedumbre
del sonido falso ¡Ya no me importa!

Dime que no te molesto
al decirte en tampoco tiempo
tantas palabras tontas,
porque entonces; hoy me castigaría
sin luz sin aire sin agua.

Te consolaré
si la soledad te agota,
emigraré tus tristezas al olvido,
y si caso el dolor te acosa,
que vuelen tus alas rotas a mis brazos:
ya lo verás; seré tú compañía
aquí y en tus derrotas,
en esta tierra bendita; en esta vida y en la otra.

Y cuando nuestros cuerpos nos lleven a la tumba,
seré tu cruz de convento,
hasta que te resucite, en mi sueño
con unos de mis besos
-seré yo-
quien te de tu ayer y un hasta mañana:
hoy prefiero amarte así, juntitos en la luna.

Pero no me digas que esta osadía
de pensar así, me enferma,
y sin remedio en esta mi locura;
de amarte tanto, tú creas
que me estoy volviendo loca, loca, loca.

LA BAILARINA
76.2 cm por 61cm
acrílico sobre Canvas

OBSESIÓN

Si tú fueras yo
    y tú mi boca,
si yo fuera un libro
    y tú me leyeras;
me sostuvieras entre tus manos;
me pondrías en tus pechos
contaría tus pálpitos,
y descansaría sobre tus piernas.

Tus yemas frías de tus dedos
se derritieran en cada página,
ávida con celo:
me guardarías por siglos
en la librería de tu cerebro;
y si así fuera poco; ¡me escondería!
Por toda tu boca muda
adentro de la tierra.

Por tu congelada lengua pasarían
mil átomos y células,
a travez de sollozos fallecidos
    me reconocerías:
alejados del ruido,
sabrías mi trayectoria.
hasta el último
rincón intimo, te visitaría:
ceñido en tu garganta,
con el velo de tu paladar;
sabor extranjero
me comiera palabra a palabra
tu delineando léxico
para saborear tu delicado,
olor a ciruela.

Me envolvería en tu perfume
estaría en tus muslos, en tu cuello
   donde brotaran lirios,
ahí se desmayaría mi pena:
y por ser único tu libro,
   me convertiría
en el último capítulo
suceso único de tu vida;
   sin actores,
      ni propaganda.

   Te quitaría
el sueño hasta el sereno:
hasta el mismo sol, sentiría frío,
desgarrado de humo, y de envidia:
tu con fiebre,
   con los ojos abiertos
hasta el final de un beso
repitiendo que me querrías.

Sería nuestro libre albedrío,
la esperanza:
culpables compartiríamos
un infinito episodio,
minuto a minuto
en dolorosos momentos como
   en el éxito.

Estaría a tu lado de gloria y llanto
sería el responsable de tus delitos:
yo podría ser el pecador
que palpitara el aguijón de la alegría
y en cada guión de consuelo
partiría de Génova a ecos
en un párrafo de versos para encerrar
    tu corazón deseoso:
        ¡tú no tendrías la culpa
de nuestros apresurados besos!

FUEGO
45.8 cm por 61cm
acrílico sobre PH papel

AMOR INMORTAL
45.8 cm por 61cm
acrílico sobre PH papel

PROPUESTA DE AMOR
(Poema 27)

¿Si tú lo pidieras?
Estaría en tus sueños
contemplándote;
unidos en una obsesión divina;
boca a boca respiraríamos,
no habría sombra entre nosotros
ni espacio en nuestros
    delicados cuerpos:
tu voz color de rosa
    sería yo como tú eco;
porque yo te aseguro vida mía,
interminables seremos.

Si al proponerte en nuestro encuentro
llevarte al altar de mis sueños
alzaría mi pañuelo por tus cabellos:
y al coronarte,
de mi brazo caminarías:
sería un honor,
el resto de mi vida
¡serías mi reina!
    ¿Si tú lo quisieras?
Deja que esta argolla nos una
Íntegros de amor eterno,
si mi amor; que la eternidad no se extinga
    ¿si tú me aceptas?
Amor, si tú me lo pidieras.

HASTA PERDER LA CORDURA

Si no soy lo que tú quieres
y esa historia fuera un cuento
si no fueras capas de amarme
como yo a ti te quiero:
que mi habitación vetada de besos
guardará cien mil razones
para convencerte.
Sería la única excusa
para abrir tu corazón de roca.

¡No intentes lastimarme!
Qué tú te quedes,
sería punto y aparte en mi cuaderno:
bastaría un error,
      el egoísmo
más grande de mi parte,
para estropear el amor que tenemos.

Te quiero para siempre
hasta encontrarte de nuevo:
y otra vez, en otras vidas
nos conoceremos,
otra vez empezaremos
a relatar renglón a renglón,
otra historia,
a tu agrado, a tu medida
te lo aseguro.

Te veré pasar mil veces
hasta perder la cordura:
me acercare primero;
y entre lecturas; deslizaré
mil notas de olores
a tu cuerpo,
tú me dirás, tu nombre,
yo te daré el código de mi teléfono.

Y cuando ya me quieras
con la fuerza perpetua del universo,
que no te quede duda,
seremos un diálogo
el mas hermoso,
autores del un mismo beso.

LA VOCACIÓN DE SER MADRE
(Para Maura Yamile)

Empezó con un cuarzo,
un deseo y una estrella
-cristales y diamantes-
como si fuese futuro
ensayando ser madre:
todo en ella era pureza
magnitud y forma,
improviso su habitad de azul,
sonrosó maternidad
compartiendo su sangre.

Hasta la isla más deshabitada
de su vientre,
se llenaba de una rara mezcla
de amores:
fue ahí donde matizó los sueños
en colores,
imagino al pequeño, le creo su cara
le puso nombre.

Pequeño recóndito
continente a continente
agredió paredes; hasta
confundirse con su sangre:
se acurrucaba en sus curvas
cuando frío hacia,
y todas las noches
con el fueron "un todavía"
en su vientre día a día,
le pareció ver sus facciones:
hasta le puso rasgos de su padre.

Se dormían las estrellas con la espera,
fue una herida, pozo, manantial incansable
cada fracción de segundo,
al expulsar el gozo:
revolviendo el dolor con la alegría,
una contracción y un latido,
un latido y un reposo:
cuerpecito cubierto de amor
dulce y dormido todavía,
se despertara con alas junto al señor.

Fue cuerpecito inerte entre los cristales,
llenando el cielo de efímeros gemidos
terror y gloria; cubrió toda la esperanza
de ser una mujer, la más feliz
en esta tierra
y con océanos de sangre y desafío
desfalleció el imperio más grande,
desgarrador, profesor de amores
"la vocación de ser madre".

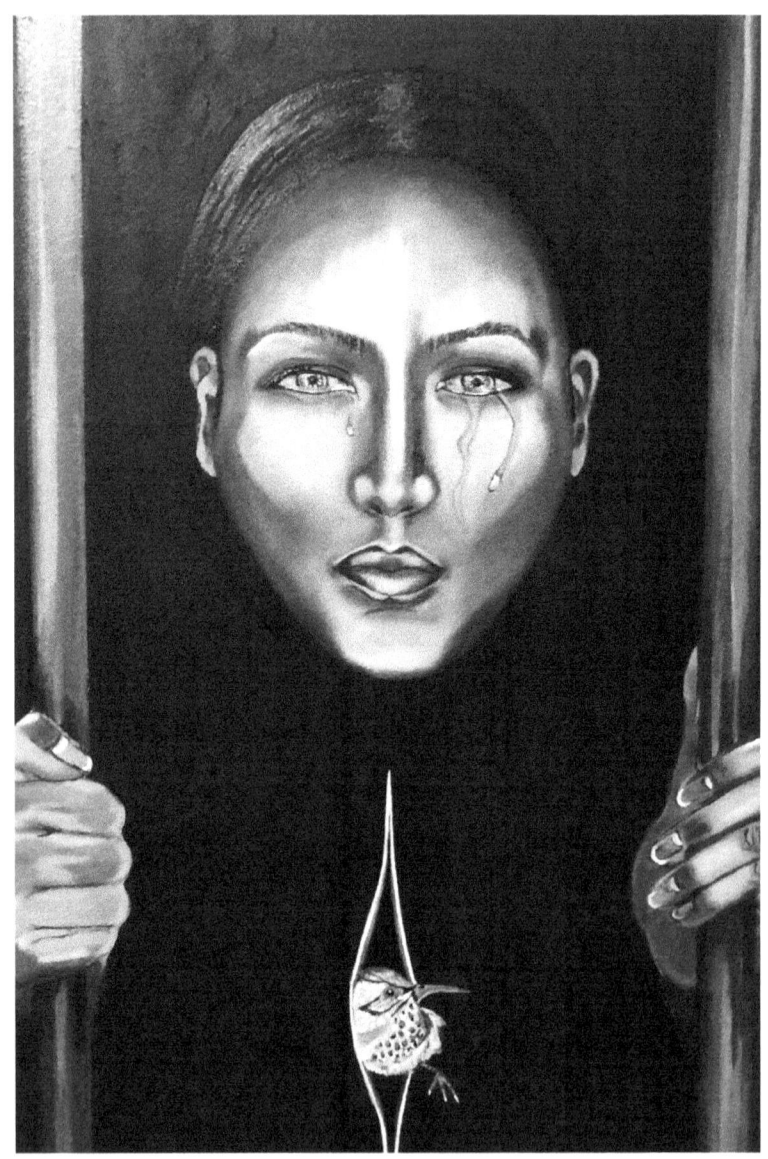

SIN CORAZÓN II
72.6 por 61cm
acrílico sobre madera

A ELLA QUE CAMINA POR LA CALLE
(Te seguiremos buscando Aurora)

La observo; ella está muy joven,
    sin pasado la recuerdo,
como una flor delicada
de pétalos y espigas
su arte acurrucó la noche
de geisha para marcharse:
pensó que al irse por la calle
crecerían millones de arboles y estrellas.

Fue la habilidad que le dio el universo
maldición y brujería;
¿o fue el talento que nunca, supo que tenía?
Se enamoro del mundo
de su abrazo y de su beso
y por ser debilidad marina,
regalo virgo sus fantasías:
se fue temprano Irma, robándome la paz
huyendo de sí misma
Irma; ese nombre se ponía.

Tenía un corazón tan grande
pecho adentro ya no le cabía,
hablaba de margaritas y rosas
con espíritu sumiso de aurora
se escondía:
prefería la oscuridad de lotes baldíos
botellas vacías que nadie se bebía:
y se enfermó un día de melancolía
por causas físicas y morales
que discutir no prefería.

Florecita vende su carpel
ataviada, cigarrillo en sus labios,
ya no la conocen; nadie cuenta de ella
invisible su carita
se cubrió de indiferencia:
vuelve vuelve florecita
en mis ojos siempre serás bella
descansa ya, te vez muy vieja
guarda tus zapatillas, tu vestido y tú peineta
ya no las necesitas
vuelve vuelve Irma.

LA SILLA ROJA
acrílico sobre papel
45.8cm por 61cm

NI COMO QUERERTE
(Bob se marcho a la Navy)

De tanto pensar como quererte
    ya no sé que te quiero,
de tanto "yo" en este instante
    me estoy y desespero,
este absurdo entender
que no lo encuentro,
me desvela, me quita el sueño:
un segundo creo perderte
y al final del día,
ya no quiero verte.

Hay lápidas de amor
linos de pureza
y estas cicatrices irreversibles
son guerras de dolores de cabeza:
en la almohada, la memoria,
tus caricias quedaron atrapadas,
fueron para mi, nunca las pedí
….. tú las ofreciste.

Te detienes un segundo,
abandonas el tiempo
lo rellenas de paciencia:
hasta hoy …..¡ni tú aroma existe!
Tu espalda estatua inmóvil
sin dormir, tus ojos cerrados
no miras hasta el fondo.

Y como antes, ante mi,
de amor ya no te rindes
me idealizas;
¡estoy muy triste!
Ya no eres lo que quise:
se esfuman nuestros sueños
ya no me interesan.

Hay ruidos en tu corazón
escucho latidos,
tu boca réplica de un beso
de esos labios que se unen
sin sentir de costumbre:
esa razón de amarte y creer
que te quiero.

    Entonces;
ya no se que te quiero,
ni como quererte:
un segundo tímido
pienso quererte,
un tibio final; no sé que te quiero
    ni como quererte.

FOR SALE
48.8 cm por 61 cm
mix media sobre PH papel

BATALLA DE RELIGIONES
(Un Árabe llamado Magic)

    Yo no amo como tú,
con valles, águilas, y serpientes,
menos llanos, ni cargo
luto en cuevas Interminables
porque soy real, y el camino lo sabe:
pero si a caso tú me dejas,
por si no me quieres,
¡hoy no! Como tú quieres.

Porque las entrañas son arañas
que me comen
el hambre es vértigo de piedras
que contigo duelen,
y sucede que cuando las flores secan
se confunden las estrellas con nuestros planes
y tus dudas; errores se vuelven
nada es bello,
      y niegas que me quieres.

"TE AMO" tú me dices
¡lo acepto! Mira de tal manera;
que con defectos, ni eres mejor
ni te quiero menos,
te prefiero tal como eres
y de rasguños superficiales
entonces mueres.

Pero no me pidas que mienta
que aprenda a amar como tú quieres,
porque me complicas racionalmente:
permite que la magia, entre espuma y el mar,
te arrulle: ¡deja perderte!
Me iré lejos;
que la ausencia vacía te busque;
será lo mejor.

Dame la libertad de extrañarte,
una sola vez, ceñirme de laureles,
y a mí regreso; quiero que tu pelo
se me enrede en mi piel
 como planta en mis paredes
de manos de avellano verde
llena de hojas, y de flores,
que mi aliento te necesite:
¡Yo te amaré más!
Sin religión sin opiniones.

Uniré mis hombros viriles
en tu cuello energúmeno voraz
árbol adentro que no se detiene:
déjame amarte hasta
el último síntesis de mi beso; sin redes,
así; nada más, trasparente:
deja que todas mis caricias juntas
entren de puntillas a tu corazón
empiecen con un beso,
terminen con amor ….. un breve espacio
y al final te entregues.

FLORES BLANCAS PARA UN HOMBRE
(Desengaño)

Lívida conciencia de hombre
te siento mío,
se acabó el latido rítmico
de mi vida:
te marchas; subrayadamente
me conformo:
imagino tus pies sobre la mesa
que cuelgan como dos péndulos.

Tus ojos me traen recuerdos,
los más hermosos:
¡No hay tristezas!
Liberadamente lo siento:
las rosas blancas te cubren todo
una más ya no cabría,
lo justo serían lirios; pero no es tiempo
solo ramos de seda y dos jazmines,
para adornar tu pelo:
frente a tu cama; ….. yo
sin risa, solemne, pensando en mi suerte.

Se fue; mutilo mi alma dos veces,
y con creces
los manteles que borde con alegrías
lagrimas y mentiras, se encendieron
como caireles de humo y caían.

Así quedaron nuestros planes:
la gente que un día nos vieron
      con celos, y envidias,
enferma tosían y tosían.

Fue fiesta en el pueblo, fue ese día
que tuve el valor de levantarme
lo sepulte tan lejos,
que las seguidas citas al jardín
me quitaban aliento:
flores frescas como al principio.

¡No me arrepiento de estar aquí!
….. Que llueva
y en la tumba mi amor yacía
en memoria de quien se marchó
una cripta que grabará sin nombre
a un iluso corazón que se rendía.

CRISTAL
acrílico sobre papel

ANTES DE EMPEZAR
(Carta para Damián)

Quiero que leas en mi corazón
estas letras de amor que siento
y rasgan el alma:
quiero que sepas que
entre todo lo que existe aquí,
tu navegas en mi mente
con el sol acuestas,
en tu barco trasparente;
y entre nuevecitas verdes
cuando juegas con el mar,
un dulce "te quiero"
salga de tus labios infantiles.

Quiero que tu voz retiemble
como un grito en el centro de esta tierra;
con tus carcajadas entre mis entrañas
se arranquen esmeraldas y diamantes:
quiero que salgan de tus brazos
un espacio para atarnos,
que todo exista y nada se acabe.

Es primavera hijo, y aunque
veas titiritar los árboles,
no te alejes; ¡no te espantes!
Son mis manos que emanan
caricias; resbalan como
hojas sueltas, incansables.

Esta noche es diferente,
hoy, solo canta el viento para ti
y dice que te esperé:
yo me aguardaré aquí mientras respiro
entre caracolillos inmóviles
y para olvidar mis errores;
te pido un perdón interminable.

Deja que estas letras de tiempo resuciten
que envueltas con el frío; vuelen;
llegarán contigo esta noche,
con un millón de soldaditos
marcharemos de la mano,
probablemente estés muy cerca
o no te acabes de ir.

Pero mira; quiero antes de empezar
que navegues en mi mente
como un dragón,
me busques y me encuentres:
allá contigo, sin que nadie sepa,
reposar tu sueño en mi sueño
para abrazarte y arrullarte.

¿Cuanto tiempo debo esperar a verte?
 Sola yo; sola la entrada diminuta de la luz
deslumbran tus ojos de luceros esta noche:
se abrirá la primavera, cerraré mi puerta
y aunque veas llover solo en mi casa
es para lavar el rincón más triste
para que cuando tu llegues;
yo espere.

Quiero que leas en mi corazón
estas letras de amor que rasgan
y duelen el alma:
quiero antes de empezar a decirte
    -me haces falta-
y que todo lo que existe aquí,
en esta soledad que me oprime
tu eres lo más importante.

NO FUE CASUALIDAD
(Una niña, y una madre)

Mi vientre rompió el secreto
se dieron cuenta que vendrás,
mis manos tocan
      lo que fue mi cintura,
un vestido cubre lo qué pronto sabrán:
todo es caricia y ternura
al sentir tus latidos.

Animada, tejí tu suerte
será mejor que la mía
      ¡ya lo verás!
Te siento triste, estás cerca
pedacito mío:
la carne se estira, se rompe
te quejas …..

Se deja ver una aleta en el cielo
¡aguanta un poco más!
Lo he preparado todo
de cuna mis brazos,
y un muñeco de trapo
cuando despiertes:
      ¿niña,o niño?
Lo que fueras, sabré esperar.

Con canto, no de pájaros
porque ya no existen,
si no de ángeles;
que le dejarán saber el camino
para regresar
¡lo siento, no nacerás!

Que no lo entierren por separado
¡que lo dejen guardado en mi vientre!
Lo repetí tantas veces.
Por nuestro amor, que es muy fuerte,
siempre juntos
no será de hoy;
fue el juramento a un hijo
que se fue para siempre.

Con los puños cerrados
y los ojos mojados:
caras pálidas, para maquillarse
cajas largas entre dos cuerpos delgados
no fue casualidad,
….. una tumba nada más.

VELO NEGRO
45.8 cm por 61 cm
acrílico sobre acuarela, lápiz sobre PH papel

LO SE

Lloro,
porque queriéndote tanto
no me arrepiento de tratar de olvidarte
te amo,
hasta el vacío seco de tenerte
    tu letra, tu significado;
hasta el idioma irónico de tu suerte:
    huelo el papel,
como si en el hallará palabras
    que hablan de ti:
digo dos veces que amo
    y sin embargo;
siento el extraño sabor de lo amargo
    te olvido; …..
y todavía no sé si deba
o quisiera volver a verte.
    ¡No sé si me escuches,
    no sé si me extrañes!
Estas frente a mi:
¿yo que te hice? …..
    ¿Tú que me diste?
Guarda silencio …..
….. no hables.

CUANDO EL SOL SE MARCHE
(Una niña sin niñez)

No habrá amapolas ni cantos
cuando el sol se marche,
los lejanos aíres del sur
serán cálidos y fuertes,
sé detendrán un poco
para mirarme.

Caminaré de puntillas
por el centro de Garibaldi
y por esa orilla de las aguas torrentes
los mariachis resonarán en mi frente:
serán mis cansados tobillos
los que ya no aguanten.

Seré una florecita al atardecer
sin protegerme;
usando zapatillas,
en la esquina de los faroles
y sobre las brazas, el café caliente:
acostumbrada de tropezar,
que me maten los besos traidores.

 No me dejaré ahogar
con las lenguas que se extinguen
sobre mis labios baratos
ya no me harán daño,
los limpiaré con mis manos
los escupiré por el llano
de chapulines tristes:
ya no me iré a confesar
lo sabe el padre;
….. ¡ya se lo dije!

Y para no seguir con esta suerte,
no habrá amapolas ni cantos,
cuando el sol se marche:
los amantes serán de paso
mientras el manto negro;
de mi cabello, cubra la noche.

Y si por algún motivo,
¿me duerma en brazos de alguien?
¡Si eso ocurre!
    No me despierten;
déjenme soñar que soy pura
llena de flores, y como un colibrí,
volando como una ave.

¡Si al despertar me asuste!
Una mano dura me lastime,
¡será mejor que me apuesten!
Me alzaré la falda,
¡que viva la vida!
Y que Dios me perdone.

Otros me criticaran
me despreciará la gente
ajenos, no sabrán
    el dolor que cargo,
solo la noche lo sabe
así que; me olvidare
de lo que piensen.

Cuando los girasoles cansados
de esperar a oscuras;
la tierra re-tiemble
y de luz celestial,
tiren su tallo para dormirse,
ese día;
tal vez cambie mi suerte.

No habrá amapolas y cantos
cuando el sol se marche,
me quedaré con el sabor agrio
de olvidar que fui niña
en mil atardeceres, sin juguetes.

Las muchas bocas acumuladas
donde perdí la inocencia;
a la edad de nueve:
….. olvidar no podría,
en aquella tarde mi mano obediente
me llevará mi madre,
para venderme.

No habrá amapolas
Cuando el sol se marche.

SI TE CONTARA
45.8 cm
mix media sobre PH papel

TE DEJARÉ UN DÍA

Un poco más …..
y debo pensar que te irás
te miro; me mientes
dices quererme que volverás:
en mi presente; observo tu sombra caer,
-para detenerte-
en mi pasado; me pongo de frente,
para sostenerte …..
….. y quien me dice
apenas apago la luz, ….. ¡desapareces!
Se habló tanto esa noche
hicimos cuentas ….. Ya no me debes.

Tu voluntad fue repetida,
 se restringe
en el concreto lamento
de una partida:
¡y mira nada más!
Peleas continuas,
una fuerte caída dentro de mi
no cabría y un
        "todavía"
considérame siempre una amiga.

II

¿En que te puedo ayudar?
Te dije:
si en tu caso no fue la suerte,
fue mi historia, tu trayectoria
explicarte, no entenderías;
algo más ya no te sirve
ni amenazas; ni
quitarte la vida.

Del tiradero que hice?
Descuida,
nítido todo se queda: lo que es mío,
mi casa y mis manías
te lo he dejado en orden; en el
platónico diario de la ironía
y en mi lugar serán mis alegrías,
otra, que lo disfrute.

¿Extrañarme? No podrías,
seré tu desgracia
cuando al despertar junto a ella,
….. te equivoques;
entonces al abrir tus ojos,
ya no me mires:
….. no te quejes,
la obsesión fue tuya, no la mía.

De en cuando en cuanto,
tu afecto de tus labios
sabor de espanto
    como religión obedecía:
será el mismo despecho,
    que yo sienta cuando te mire,
 de eso no habrá sospecha.
    cuando tus labios la toquen
va hacer igual que siempre,
mi beso será el que te diga
que sigo en tu piel todavía.

Pero nunca la castigues, ni menciones
que en tu delirio de tenerme,
frágil me rompías; que de ti no me he ido
y en tu cerebro me repites mil veces:
que me odias,
hasta que dejes de respirar en esta tierra
y "por favor, aún no lo divulgues"
que al tomarte el derecho de poseerme
tu perdiste casi la vida; …No se lo digas

De lo que piense ella; lo que escuches,
entonces pensaras, que son mis ideas:
    porque al carecer de buena memoria,
desmentir tu locura, me recordaras todos los viernes,
por las noches al respirar sobre tu almohada,
por la mañana en la Alameda
    cuando broten los rosales;
le quitaras las espinas una por una,
para que al arrancarlas de mis brazos,
no dejen rastro de cicatrices.

Y pensando en ti todavía.
aunque hoy no tenga valía
lo que yo te diga; -te doy las gracias-
me hiciste sentir una reina:
entre los escombros de todos los días
    una corona de perlas prestada
estará bien guardada en un rincón de mi vida.
La luz sabía que se refleja
en mis ojos; no dejan saber que lloro
    derramando mi osadía,
sentada en mi trono para confesar lo que siento
cuando ya no me duela.

Será la cera de la vela fría,
que me distraiga, y cubra mis manos vacías
se confundirá un alma perdida,
la mía que partirá:
no llegues hoy, inventa una excusa
    huye de esta unión absurda,
para que no me marcharme insuficiente
y sin lógica.

Te provocare para que pienses que tengo la culpa
gritare con fuerza;
al fin soy libre, ya no soy tuya!
Con el pálido reflejo de tantas mentiras,
susurrare al persignarme tres veces;
las cansadas animas dolorosas,
al perdón de tu derrota clausuraran
la salida para irme tranquila.

DESPUÉS QUE TE FUISTE
(Olush)

Después que te fuiste
me he quedado desnuda,
las ideas se convierten
en grupos disolutos de lastima:
hay una fractura de espalda
hasta el coxis,
y desde mi boca y las costillas
mi cintura; que un día fue tu locura,
ahora son huesos y arterias.

Después viene un dolor
arduo y perpetuó que espanta
es un dolor intenso, secó indestructible,
¿será que me haces falta?
¿O es la maldita muerte que me sucumbe?

Tú sin embargo,
te conviertes en una ave blanca:
te guardo en una pequeña caja
llena de frágiles letras mágicas,
y no sé como cuidarte.

¿Dejarte ir?
O esconderte para siempre:
encerrada en la oscuridad
de mi silencio puro; para que no te lastime
….. Para seguir amándote.

Yo entre tanto,
espero la noche para dormir
y cuando al fin me duermo,
tu caes suavemente en mi espalda
besándose mi pelo:
entre ese ficticio momento ,
y en mi verdad que me acosa,
¡me rindo!
Le robó el momento al silencio
de mi cuarto frió:
es el tiempo que te espero afuera
para sentirte aquí, egoísmo adentro.

Mira;
me como las horas
y confundo los días para que
amanezca,
especialmente cuando escucho
tu voz débil, pronunciando
ese ruido de letras a mí ignorante
oído.

¿Será cierto que estoy aquí
entre toda esta muchedumbre y respiro?
¿O será que tú fuiste?
O yo vivo en el hipnotismo, limbo del olvido;
multitud dé cruces:
¿será que me he marchado?
¡Y por Dios!
¿A ti te he perdido?
Hace frío mi amor ; tengo mucho frío.

UN ADIÓS A POLONIA
76.2 cm por 61cm
acrílico sobre madera

DESPUÉS QUE TE FUISTE II

Cuando terminara ese tortuoso olor
de pétalos; candor de abejas dulces
y estos moretees de mí pesar
que marcan mi debilidad imbécil.

Tú hablas de la historia del hombre
y del arándano azul de la tarde,
me confesaste de tu miedo de pensar
que nunca te quise,
yo; …..
de la luz, del secreto de tus ojos grises,
de mi egoísmo y de sentirme inútil.

Hicimos planes;
despintaste mi dolor con diminutas
mariposas en el aire
y como si nada,
me hiciste creer que el péndulo
abdicado de tu reloj, no caminaba.

Una sonrisa tuya; y levantabas valles
sueños y arañitas para coronarme:
¡hablamos tanto! Y con el bien moral
del estoicismo; de un soplo,
te llevaste mi vida esa noche.

¿Estás aquí? Me dices
¡un poco más!…..
Toma mi mano para que me guíes
fue de común acuerdo
y te fuiste …..
recopilaste tu paso lentamente
y letra por letra tu nombre:
¡te deje ir,
si, te dije vete!
Lo tengo tan presente.

Ya no escucharé el silbido del tren
que te recoge; ni alzaré mis manos
al aire para abrazarte
solo mi grito espantoso
que no muere:
¡aquí estoy, no me dejes!
Y te creo ver:
y después; después te escondes:
¡Tengo mucho frío mi amor! …..
¡tengo mucho frío!

VIDA EN GRIS
(Alcohólicos anónimos)

Mi vida absurda en gris
y sigo aquí,
la soledad chorreando,
sobre el súbito farol de papel:
mediocre luz;
alumbra mi penumbra y no me deja caer:
imágenes colgadas que creo ver:
nuestros libros sin leer,
mi íntimo rechaza la tristeza
no odio; sólo recuerdo.

Una sonata de agrio momento
se escucha y teje un suspiro
y en el tedio aburrimiento, se duerme
 sobre el silencio un te quiero.

Opaco linóleo subsuelo
oraciones que a multitudes releo:
afirmaciones
para dejar ese torpe vicio
que me está corrompiendo
-rezo-, para que mi voz se escuche
a lo lejos del universo,
      -Te veo-

-Me miro-
….. hablo; ….. respondo
a veces si ….. a veces ni yo sé
digo la palabra "amor"
reforzando de hierro
no hablo: ….. respiro
las palabras flotan …..

Sólo pienso; "obscuridad frente
a la luz de papel"
¡sufro! ….. Mi vida sin ti, es gris
ahora creo que soy de cristal,
y al quebrantar;
    ….. me voy a romper;
estoy aquí; ….. vida en gris.

FRÁGIL
45.5 cm por 61.cm
acrílico sobre PH papel

LUIS
(Con amor para un niño autista)

Con mágico aire camina
doscientos tres pasos
para llegar a la esquina:
la calle nueve donde nació un día
"El cuñado" de apodo
Luis, su nombre de pila.

A un lado del zaguán azulado
      parado se encuentra
      con su paraguas de florecitas,
hace la lluvia un espacio
paréntesis la brisa lo seca
su ropa empapada de lagrimitas.

Lo he visto repintando
de corazón con sus manos,
      las paredes del barrio:
y de gris apagado; ahora
es de gis colorín colorado.

Él cree que es dueño de toda la calle
de las estrellas el propietario:
le gustan los globos, los dulces
aviones de papel arrugado;
que aterrizan junto a mi puerta,
para dejarme saber que ha llegado.

Aunque es un hombre ya grande
niño de siete se siente,
de paz y reboso todos los días
los continentes despierta;
y una voz maternal de repente
le toca su pabellón de su oreja.

De ecos en la pileta su canto levita
una manta de sueño; haciendo revuelto
se pierde en el cielo,
para mandarle mensajes
a un ángel ingrato
que le dejó en el recuerdo:
anonimato, de padre
hipotética despedida.

Y aunque no tiene cama
me encargué de pedir a mi estrella
que le hicieran su cuna:
de menguantes, arco iris fueron bordados
su cobijita le remendaron:
aveces, se ve desvelado
esperando que le bese la luna.

Con el porvenir del sol en su espalda
    húmedo concreto
a menudo se acuesta,
    pero él no se queja:
cuando amanece, él hace multitudes de fiestas,
me parece que un pedacito de prisma
se le metió en sus ojitos,
brillan cuando me mira; paz cuando los cierra.

II

Él sabe si toma agua en las noches;
le gana la orina,
si se lava las manos ya tarde;
le quitan la cena:
vaquero al tocarle su hombro
en caballitos imaginarios se trepa

Como un papalote habré sus brazos
y el viento lo empuja
con millones de pensamientos
hasta llenar el planeta;
a mí me hace olvidar mi tristeza
¡Jolera llasna![4]
Se levanta temprano,
para cumplir hazañas
sus sueños de arañas;
soldaditos de hormigas en fila
 que lo han de seguir a su casa.

¡Él no miente!
Es consecuente con toda la gente:
    obediente con su rutina
¿entonces, porque no se apiaden?
    ¿Por qué la burla?
    ¿Porque lo apedrean?

Me regala risueños, me toca mi pelo
y gira como carrusel sin cadenas:
él es dueño de toda la cuadra
es por eso que Dios, le dio permiso
de hacer lo que le diera la gana.

---

4 Jolera llasna = expresión de asombro en el idioma polaco.

Sinvergüenzada, me corretea,
me pide un beso
para cuidar las puertas abiertas:
le doy un veinte, el pelea un peso
para comprar esos dulces baratos
de sabor a frambuesa.

Aferrada a mi padre
me agarro bien de su mano:
y de espanto me guardo entre sus piernas
pero Luis le saca sonrisas
le dice cuñado;
a mí me dice que soy su princesa.

¡Hay Luis! Han pasado los años
y tú, sigues de siete yo tengo ya treinta
tus ojitos de viejito color de maicena
¿te acuerdas de mí? Soy tu princesa:
el grita mi nombre y me besa
ya no corre, sus piernas le pesan
me pide un peso y sonríe
ensuciando su carita de arena.

TOMA MIS MANOS
31.4 por 68.6 cm
acrílico sobre madera

ESTARÍA AHÍ
CON MIS MANOS VIEJAS
(Para Óscar)

Si te hubieses enamorado de mí y no de ella
me hubiera dividido en dos estrellas,
te llenaría de regalías
    de mí, sin tragedias:
con mis manos llenas de arrugas
ahí estaría.

Si hubiese sido agua y en gotas
tu bao como brisa
se derritieran en mi boca,
fría de hielo; estribarían por mis labios
tú sonrisa con ese sabor de fresas.

Si mi lengua
hubiese sido la llave de tu beso,
si tus ojos de azúcar se hubiesen
consumido cuando me veías;
yo me hubiera convertido en ti,
en amor dentro de tus venas:
serías un párrafo,
el primer renglón de mi vida.

Sería mi vestido, tu piel
pequeñas moléculas de seda
que cubrirían tus poros
que respiraran tu alegría
y que al mirarte; un aire
enigmático invadiera tus pupilas,
para hipnotizarte:
serías mío;
….. sería tuya,
así de sencillo
de lino puro té convertirías
…..y no te extrañaría.

Si tuviera la suerte
no me perdiera por las noches pensando
en brujerías:
encontraría la poción exacta
para que el señor sol se acunara
entre las faldas de la luna,
llena de ti me aferraría.

Ahueque fuese la noche sola una,
y el día una gran señora; te
encontraría en plenilunio
enamorada; caería un eclipse,
te conociera mil años,
y te esperaría un día
en otra dimensión,
      en otra vida.

Si tuviera la certeza,
    no te extrañaría,
ni el tiempo se acuñaría:
¿si hubiera sido ella quien sufriera?
¿Si yo fuera quien tú quisieras?

Al final me convertiría
en la compañera de la eternidad
y no me importaría;
estaría ahí para siempre,
ami- cima[5] con mis manos viejas,
gastando mi tiempo
esperándote el resto de mi vida
si fuera yo; y no ella ....

---

5 ami- cima = amigos pero

www.ingramcontent.com/pod-product-compliance
Lightning Source LLC
LaVergne TN
LVHW011718060526
838200LV00051B/2942